LES ASSOCIATIONS OUVRIÈRES DE PRODUCTION

A SAINT-MANDÉ

ET

AU PALAIS-BOURBON

29 Mai – 18 Décembre 1898

—⊷⊷—

SOUVENIR

OFFERT PAR LA

Chambre consultative des Associations ouvrières de Production

à M. Paul DESCHANEL

PRÉSIDENT DE LA CHAMBRE DES DÉPUTÉS

PARIS

IMPRIMERIE NOUVELLE (ASSOCIATION OUVRIÈRE)

11, rue Cadet, 11

—

1899

LES

Associations Ouvrières

DE PRODUCTION

A SAINT-MANDÉ

ET

AU PALAIS-BOURBON

29 Mai – 18 Décembre 1898

⊢✸⊣

SOUVENIR

OFFERT PAR LA

Chambre consultative des Associations ouvrières de Production

à M. Paul DESCHANEL

PRÉSIDENT DE LA CHAMBRE DES DÉPUTÉS

PARIS

IMPRIMERIE NOUVELLE (ASSOCIATION OUVRIÈRE)

11, rue Cadet, 11

1899

Le Banquet coopératif
de Saint-Mandé

Le dimanche 29 mai 1898 les coopérateurs de la Chambre Consultative des Associations ouvrières de production se sont réunis au Salon des Familles, 34, avenue de Saint-Mandé, en vue de fêter la réhabilitation commerciale de l'un des ateliers coopératifs : *La Lithographie Parisienne.*

Plus de quatre cents personnes ont pris part à cette manifestation.

A une heure, M. Paul Deschanel, député, à qui la Chambre avait offert la présidence de cette fête, fait son entrée. Reçu par MM. Ladousse, trésorier et administrateur de la Chambre Consultative ; Machuron, directeur de la Banque, Coopérative ; Romanet, directeur de la Lithographie parisienne ; Vila et Barré, secrétaires de la Chambre Consultative et de la Banque Coopérative, il prend place à la table, au milieu des plus chaleureux applaudissements.

Avaient encore répondu à notre appel :

MM. E. Noël, député de l'Oise ; Geo. Gérald, secrétaire de M. Deschanel ; Moucheront, chef de division à l'administration des Douanes ;

A. Fontaine, sous-directeur à l'Office du travail ;
Paulet, chef de bureau au ministère du commerce et de l'industrie ; P. du Maroussem, privat-docent de l'Université de Paris ; de Seilhac,
délégué permanent du Musée social ; Irénée
Blanc, avocat-conseil de la Chambre Consultative ; Barrat, de l'Office du travail ; Martin, du
Musée social ; Nessi et Doré, architectes ; Cohadon, ancien directeur de l'Association des Maçons (1848).

La presse comprenait :

L'*Agence Havas*, l'*Agence nationale*, la *Démocratie*, l'*Éclair*, l'*Événement*, le *Figaro*, le *Journal des Débats*, la *Lanterne*, le *Moniteur des Syndicats*, la *Paix*, le *Petit Journal*, le *Petit Parisien*, le *Radical*, le *Rappel*, la *Rénovation*.

De fort élégants ménus très artistement
dessinés par les ouvriers mêmes de la Lithographie parisienne ont été remis aux invités, en
souvenir de cette fête de famille.

Au dessert, M. Vila, secrétaire de la Chambre
Consultative, donne lecture d'un grand nombre
de lettres d'excuses, parmi lesquelles nous citerons les suivantes :

De M. Émile Deschanel, sénateur :

« Mes chers concitoyens,

« J'ai reçu l'honorable invitation que vous
avez bien voulu m'adresser, et je vous en remercie.

« Je regrette vivement que l'état de ma santé
me prive du plaisir de m'y rendre et d'y accompagner mon fils, à qui vous avez fait l'honneur
d'offrir la présidence de ce banquet.

« Veuillez, mes chers concitoyens, agréer, avec mes remerciements et mes regrets, l'expression de mes sentiments distingués. »

De M. Léon Bourgeois, député, sous le ministère duquel les associations ont été bien encouragées :

« Mon cher Monsieur Vila,

« Je suis déjà pris, le 29 mai par une autre réunion.

« Je ne pourrai donc pas me rendre au banquet de la Chambre consultative des Associations ouvrières de production

« Je le regrette vivement et vous demande de vous faire mon interprète auprès de vos collègues, dont je n'ai pas oublié l'accueil cordial en 1896 et la constante sympathie, et qui peuvent — ils le savent — toujours compter sur mon sincère et affectueux dévouement. »

De M. Brault, notaire de « La Lithographie Parisienne » et d'un grand nombre d'autres associations :

« Monsieur le Secrétaire,

« Je reçois votre invitation au banquet que les associations vont offrir à M. Romanet, à l'occasion de la réhabilitation de l'Association des Ouvriers Lithographes.

« Je suis très sensible à cette marque de bon souvenir, mais je ne pourrai malheureusement assister à ce banquet, devant m'absenter quelques jours au moment des fêtes de la Pentecôte.

« C'est pour moi un grand regret, car il m'eût été bien agréable de me joindre à vos coopérateurs pour féliciter M. Romanet de l'accomplissement de la noble tâche à laquelle il s'était dévoué et à laquelle il a donné trente années de sa vie.

« Je l'avais vu à diverses reprises s'occuper de la transformation de la Société et j'avais admiré le zèle et la persévérance qu'il apportait dans cette œuvre de réorganisation.

« Je vous prie de lui transmettre, à lui tout particulièrement, mes vifs regrets avec toutes mes félicitations.

« Veuillez agréer l'assurance de mes sentiments dévoués. »

De M. Ott, docteur en droit, l'ami de Buchez, le doyen de la Coopération de France :

« Monsieur,

J'aurais un grand plaisir à prendre part au banquet destiné à fêter la réhabilitation de l'Association des Ouvriers Lithographes, que j'ai apprise avec joie par le dernier numéro du journal *l'Association ouvrière.*

« Malheureusement mon âge et mes infirmités ne me permettent plus d'assister à ces fêtes.

« Je vous remercie de vous être souvenus de moi à cette occasion et vous prie d'exprimer mes félicitations cordiales à la Lithographie Parisienne.

« Veuillez agréer l'assurance de ma considération distinguée. »

Après cette lecture, M. Ladousse, adminis-

trateur de la Chambre consultative, s'exprime
en ces termes :

MESDAMES, MESSIEURS,

En qualité de doyen de la Chambre
Consultative des Associations ouvrières
de production, permettez-moi en son
nom de vous souhaiter la bienvenue, de
vous dire combien nous sommes tou-
chés du grand honneur que vous lui
faites par votre présence à ce banquet.

Nous nous sommes déjà trouvés en
pareille circonstance pour fêter des évé-
nements heureux de la coopération, et
nous osons espérer que ce ne sera point
la dernière fois. (*Applaudissements.*)

L'événement qui nous réunit aujour-
d'hui, bien qu'ayant trait à l'Association
des Ouvriers lithographes, est bien fait
pour réjouir et encourager toutes les Associations ouvrières.

L'Association des Lithographes est une
des plus anciennes (elle compte plus de
trente années d'existence), elle a subi
toutes les épreuves et toutes les diffi-
cultés possibles. Après des débuts laborieux et pénibles, au moment précis où
elle commençait à prospérer, une perte

inattendue réduisit à néant ses premiers efforts; elle dut s'imposer bien des sacrifices pour recommencer à nouveau, et déjà elle était bien relevée, lorsque, à la suite d'une opération désastreuse, elle se trouva réduite à la faillite avec un passif de 300,000 francs.

Combien se seraient découragés et auraient abandonné la lutte; heureusement, les Associations ouvrières ont la vie dure; beaucoup de membres de l'Association des Lithographes se retirèrent, s'avouant vaincus.

Mais il resta une phalange de coopérateurs bien déterminés qui se remirent à l'œuvre avec l'idée fixe de se réhabiliter en remboursant intégralement tous les créanciers.

En dix années, ils furent tous désintéressés non seulement de leur créance, mais encore des intérêts, soit une somme de plus de 400,000 francs. (*Bravos.*)

Depuis trois ans que ce magnifique résultat était obtenu, et bien que l'Association eût fait immédiatement toutes les demandes nécessaires, ce n'est que tout récemment et, grâce à l'intervention de M. Paul Deschanel, notre président, qu'elle a pu obtenir la réhabilitation si méritée que nous fêtons aujourd'hui. (*Vifs applaudissements.*)

Aussi la Chambre Consultative a voulu marquer solennellement ce fait mémorable.

Un bronze, « l'Étoile de mer », symbolisant l'idée de l'orientation du but et de l'idéal, a été souscrit par toutes les Associations ouvrières de la Chambre Consultative.

Et c'est en leur nom que je le remets à l'Association des Lithographes en témoignage de toute notre estime. (*Bravos répétés.*)

A leur directeur, à notre ami Romanet, je donne la poignée de main fraternelle en lui disant merci au nom de tous les coopérateurs. (*Applaudissements.*)

La Chambre Consultative a voulu également témoigner toute sa gratitude pour le grand service que M. Paul Deschanel a rendu à notre cause en s'employant très activement pour faire rendre justice à l'Association des Lithographes.

Au nom de la Chambre Consultative, je lui remets cette médaille offerte par la reconnaissance. (*Vifs applaudissements.*)

En organisant un banquet à cette occasion, la Chambre consultative n'a pas voulu faire la glorification d'une Association ouvrière pour une chose très méritoire en soi et assurément difficile, mais que nous, travailleurs, considérons comme toute naturelle. Non, ce qu'elle a voulu, c'est de consacrer ce fait afin de montrer à toutes les Associations ouvrières, présentes ou futures, ce que peuvent la probité avec le travail et la persévérance. (*Très bien.*)

La coopération est un instrument merveilleux dont nous savons à peine nous servir. Elle a le bonheur de ne compter que des amis. C'est un de ces rares terrains où se rencontrent des penseurs, des hommes d'État, des esprits éminents et sincères appartenant à tous les pays, à toutes les classes de la Société, à toutes les religions comme à tous les partis, depuis les catholiques monarchistes jusqu'aux libertaires anarchistes. (*Très bien! applaudissements.*)

Si l'on cherche la cause de ce rapprochement, on ne peut l'expliquer que par la puissante attraction qu'exerce sur les esprits toute idée simple, pratique et juste.

Ainsi, nous pouvons dès à présent entrevoir qu'un temps viendra, peut-être plus rapproché que nous le supposons, où les hommes, fatigués de divisions vaines et stériles, s'inspirant des vrais principes de l'équité, ne seront plus que des associés travaillant ensemble à se rendre mutuellement heureux. Tel est le but que nous poursuivons, nous humbles travailleurs, tel est l'idéal que nous voudrions atteindre. Nous ne le verrons certainement pas, mais l'avenir nous saura gré de l'avoir préparé, de l'avoir commencé, nous dirons même de l'avoir implanté. (*Très bien! Très bien!*)

En terminant, permettez-moi, au nom de la Chambre consultative, de vous proposer quelques toasts :

D'abord à notre beau pays, à la République française et à son chef respecté, M. le Président de la République. (*Applaudissements.*)

A M. Paul Deschanel, député, notre président. (*Applaudissements répétés.*)

A l'Association des Ouvriers lithographes et à notre ami Romanet, son directeur. (*Vifs applaudissements.*)

A vous, Mesdames, Messieurs et chers

invités, et à vous tous chers collaborateurs associés, qui rehaussez par votre
présence l'éclat de ce banquet. (*Applaudissements.*)

A la presse, qui répand et fait rayonner
les idées. (*Applaudissements.*)

Enfin à tous les coopérateurs et à
l'avenir de la coopération. (*Double salve
d'applaudissements.*)

Ce discours très sobre et bien composé a eu
un franc succès.

Notre ami Ladousse l'a dit en fin diseur et
avec beaucoup de talent; chaque période était
soulignée d'un léger accent méridional qui
donnait un charme de plus à l'expression de la
pensée.

M. Romanet, directeur de la Lithographie
Parisienne parle ensuite au nom de l'Association qui est l'objet de la fête.

MESDAMES, MESSIEURS,

Lors de la création de notre Association, ses fondateurs, croyant bien faire,
la constituèrent sous la forme très im-
parfaite d'une Société en commandite à
l'égard des associés, et en nom collectif à
l'égard des gérants; forme dont le moindre
défaut était de faire peser sur un seul, le

gérant, tout le poids des responsabilités sociales.

Or, je suis, sous ce rapport, beaucoup plus favorisé que ne le fut notre regretté camarade Schmit, mon prédécesseur.

Si, comme lui, j'ai été à la peine, j'ai, du moins, cette suprême consolation d'avoir aujourd'hui l'honneur et la grande joie de pouvoir remercier, au nom de mes camarades et au mien, la Chambre consultative des Associations ouvrières de sa délicate attention d'avoir réuni les amis de la coopération dans ce banquet fraternel, pour fêter la réhabilitation commerciale de l'ancienne Association d'Ouvriers lithographes Romanet et Cie, devenue depuis la Lithographie Parisienne. (*Applaudissements.*)

Si, après beaucoup d'épreuves, nous voyons enfin notre Association entrer définitivement dans une ère de prospérité, je suis heureux de constater que ce résultat presque inespéré est entièrement dû au dévouement absolu dont firent preuve nos associés restés fidèles quand même à la cause coopérative et, par dessus tout, à l'infatigable énergie des travailleurs de l'atelier social qui, par un surcroît de production régulièrement soutenu pendant une très longue période, procurèrent à la Société des bénéfices importants, indispensables pour liquider sa dette.

De nos 30 fondateurs, 4 seulement survivent aujourd'hui, ce sont : Moreau, Schnaebélé, Stimpflin et Vanderadseck.

Ils sont ici, parmi nous, et à ceux-là je dirai : Camarades, vous avez le droit d'être fiers de votre œuvre, vos 30 années de dévouement, de sacrifices et d'efforts n'ont pas étés perdus. (*Vifs applaudissements.*)

Sans aide, sans appui d'aucune sorte, sans le concours d'autres capitaux que ceux économisés sur votre maigre salaire, ayant de plus à lutter contre l'hostilité de concurrents sans vergogne et les préventions d'une clientèle que vous avez enfin pu conquérir à force de probité commerciale, et aussi par la qualité de vos travaux, vous avez constitué une maison qui compte parmi les plus importantes et les plus considérées de la corporation, et je suis heureux, moi, votre directeur depuis bientôt 24 ans, d'avoir cette occasion de rendre un public hommage à votre courage, à votre persévérance, à votre désintéressement. (*Applaudissements répétés.*)

Mais, me dira-t-on, comment se fait-il qu'avec un tel concours de bonnes volontés et de dévouements, votre Société ait eu à traverser de si pénibles, et surtout de si longues crises avant de voir le succès se dessiner en sa faveur.

Nous sommes ici en famille, entre coopérateurs, nous pouvons donc avouer que la cause essentielle qui, à différentes reprises, nous conduisit à deux doigts de notre perte, la cause presque unique de l'échec de tant de tentatives de coopération, c'est l'inexpérience commerciale de ceux qui sont appelés à les diriger.

Et puisqu'un enseignement, fruit d'une amère expérience peut en découler, je répondrai en faisant un historique sommaire de notre Société.

C'est à la suite d'une grève, suscitée, non, comme vous pourriez le croire, par les ouvriers de la corporation, mais bien par les patrons qui voulaient se débarrasser d'une Société de résistance, qui fonctionnait depuis deux ans, que notre association est née.

Trente hommes d'élite, dont les noms seront un jour inscrits au livre d'or de notre Société, se cotisaient et réunissaient un petit capital de 6,000 francs.

En mars 1866, ils achetaient pour 3,000 francs, avec le brevet d'imprimeur, alors indispensable pour s'établir, une petite maison possédant un matériel insignifiant, et fondaient, pour une durée de 30 années, l'Association d'Ouvriers lithographes au capital de 200,000 francs, représenté par 200 actions de 1,000 fr.

Chaque sociétaire ne pouvait en posséder qu'une : pour l'acquérir, il n'y avait qu'un premier versement de 10 francs à opérer, le complément par une cotisation hebdomadaire de 2 francs.

Ces actions furent rapidement souscrites, car deux ans après le nombre des associés dépassait 300 ; malheureusement, comme au début de toute organisation de ce genre à cette époque, où nous n'avions pas, comme aujourd'hui, une Chambre consultative, où les éléments constitutifs abondent, et c'est bien souvent ce qui fait le plus défaut, ni une

Banque coopérative pour nous venir en aide, nous crûmes, comme bien d'autres, qu'étant en association, il n'y avait qu'à travailler pour vivre, on commit l'erreur de ne pas appliquer rigoureusement les Statuts comme on devrait toujours le faire.

Les versements hebdomadaires se faisaient mal, les rentrées n'étant pas régulières, la gêne s'en suivit, l'inexpérience commerciale s'en mêlant ; trop heureux d'avoir du travail, sans prendre les garanties d'usage, on traita de mauvaises affaires ' qui, nous occasionnant des pertes consécutives, nous amenèrent à notre première faillite qui fut prononcée en 1870, deux mois avant la déclaration de guerre, sous la raison sociale Guillaumin, Schmit et Cie, avec un passif de 95,000 francs.

Notre regretté camarade Schmit n'était adjoint au gérant Guillaumin que depuis un an, et nous ne pouvons encore aujourd'hui que louer son énergie, sa probité, et rendre hommage à son abnégation, car, sentant la maison perdue, il n'hésita pas à sacrifier son nom et ses droits civiques à l'œuvre commune. (*Applaudissements.*)

2

Nous obtenons notre concordat, en promettant de payer 100 pour 100 en cinq ans.

Les deux années qui suivirent, 1870 et 1871, n'étaient pas faites pour nous relever; en juin 1871, 231 associés nous ayant abandonnés, nous ne restions qu'une centaine sur la brèche pour soutenir l'œuvre et tenir les engagements pris envers nos créanciers.

Convaincus que la coopération pouvait améliorer notre sort, qu'elle était le germe de l'émancipation ouvrière, nous laissâmes partir les désillusionnés, sans essayer de les retenir ni de les contraindre, ce qui ne nous a pas empêché, à la liquidation de l'ancienne Société et quoique libérés de par la loi, de leur tenir compte des versements qu'ils avaient pu faire, s'élevant à environ 25,000 francs, et de décider d'en opérer le remboursement à eux ou à leurs ayants droit.

Nous nous remettons courageusement à l'œuvre, les commencements sont pénibles, nous souffrons surtout du manque de crédit. Travailleurs de l'atelier social nous laissons nos payes en arrière, nous

nous contentons, ayant presque tous femme et enfants, d'un acompte de 15 francs par semaine, les associés travaillant au dehors nous aident de leur mieux par leurs versements. (*Très bien!*)

Nous escomptons péniblement notre papier à des taux usuraires, qui nous enlevaient le plus clair de nos bénéfices; malgré tout nous faisions en partie honneur à nos engagements, le crédit revient peu à peu, et en l'année 1874, époque à laquelle je fus appelé à la gérance, nous ne devions plus que 56,000 francs.

A ce moment, une transformation de matériel s'imposa, nous n'avions encore que des presses à bras, il nous fallut, sous peine de sombrer à nouveau et afin de pouvoir soutenir la concurrence, nous procurer des machines mues par la vapeur.

Grâce à la confiance qu'eurent en nous deux ouvriers mécaniciens qui venaient de s'établir, et qui, tout en n'étant pas fortunés, jouissaient d'un certain crédit, nous pûmes en installer. Ces messieurs acceptèrent nos valeurs en paiement de leurs fournitures, valeurs qui furent plusieurs fois renouvelées.

Le matériel acquis de la sorte nous coûtait très cher, mais le travail qui s'en suivit, traité dans de bonnes conditions, nous permit d'effectuer nos payements, et, en 1878, nous ne devions plus rien aux créanciers de la première faillite, intégralement remboursés.

A cette époque, nous étions installés dans notre local actuel, 27 *bis*, rue Corbeau, où nous avions augmenté considérablement et notre matériel, et notre chiffre d'affaires.

L'avenir nous souriait, nous venions d'obtenir la médaille d'argent à l'exposition universelle de 1878,

Cette même année nous entrons en relation avec un représentant d'origine anglaise qui, jusqu'en 1882, c'est-à-dire durant quatre ans, nous fit faire de très belles affaires en Angleterre, nous lui accordâmes une confiance illimitée, il nous persuada que tous les travaux que nous imprimions pour nos clients anglais étaient revendus en Amérique, et que nous avions tout intérêt à traiter directement avec les États-Unis.

Alors, il nous fit fabriquer, pendant plus d'un an, des cartes christmas, et

New-Year pour la somme considérable de 213,000 francs.

Grâce à la confiance aveugle que j'avais moi-même, et dans l'homme, et dans l'affaire, je parvins à persuader les amis, les parents, les associés, les fournisseurs, et même plusieurs de nos clients, à souscrire les obligations que nous avions émises pour faire face à cette entreprise.

Malheureusement, l'affaire ne donna pas le résultat attendu. Après deux voyages très coûteux en Amérique, notre représentant revint avec 40,000 francs de commissions quand nous avions compté sur 300,000; nous étions perdus.

De ce jour commença ce que je pourrais appeler mon calvaire commercial.

La majorité de ceux qui m'avaient obligé me jetèrent la pierre; plusieurs auraient voulu être remboursés avant le dénouement final qu'ils pressentaient : ce que je ne pouvais faire, car favoriser celui-ci au détriment de celui-là était chose impossible, et c'est là ce que de certains amis n'ont jamais pu me pardonner, peut-être le comprennent-ils aujourd'hui. (*Marques d'assentiment.*)

La deuxième faillite fut déclarée au

mois d'avril 1884, et, après des réunions de créanciers très agitées, nous obtenions notre concordat à l'unanimité, en offrant le remboursement intégral en dix ans.

L'apaisement se fit dans les esprits, nous rentrions dans une nouvelle phase, je fus maintenu à la gérance, ayant pour adjoint comme deuxième gérant non responsable notre camarade Andrieux.

Homme d'abnégation et de dévouement, toujours le premier et le dernier au travail, Andrieux entraîna par son exemple ses collègues et amis; grâce aussi aux différents Conseils d'administration qui, bien pénétrés de la responsabilité que leur imposait notre situation, surent la communiquer aux travailleurs de l'atelier social. Petit à petit, la production augmenta, les bénéfices vinrent qui nous permirent de tenir nos engagements en payant dans les délais prescrits cette énorme dette de près de 350,000 fr. (*Applaudissements.*)

Au commencement de 1895, tous nos créanciers étant remboursés, intérêts compris, nous introduisons notre demande de réhabilitation.

Nous arrivons en l'attendant au terme de notre contrat, et, en mars 1896, nous liquidons à l'amiable la première société et procédons à sa reconstitution sur des bases beaucoup plus larges ; celles adoptées et préconisées par la Chambre consultative, ainsi que par M. Doumer, l'ami des coopérateurs, qui s'en inspira pour la rédaction de son rapport de la loi sur les Associations, loi qui fut bien près d'être promulguée fin 1895 et qui, néanmoins, dort encore dans les cartons du Sénat.

Jusqu'alors, faute de bénéfices à nous partager, il nous avait été impossible de faire fonctionner la caisse de retraite prévue par nos statuts.

Nombre de nos camarades étant sur le point d'être usés par le travail, autant que par l'âge, dans l'impossibilité prochaine par conséquent de conserver leur rang dans la nouvelle organisation, notre premier devoir était de mettre leurs vieux jours à l'abri des privations.

Moyennant l'abandon à la nouvelle Société de leur action de 1,000 fr., qui en représentait environ 3,000 à la répartition, l'Association prit l'engagement, par acte notarié, de leur servir une pension viagère, reversible par moitié, en cas de décès, sur la tête de la veuve ou des enfants mineurs, pension oscillant entre 5 à 600 fr., selon qu'ils avaient de 20 à 30 années de présence dans la Société. (*Très bien! Très bien!*)

Vingt-quatre sociétaires acceptèrent cette combinaison, et douze d'entre eux ici présents, nos invités d'aujourd'hui, en bénéficient actuellement. Nous serons heureux de leur servir encore longtemps cette rente. (*Salve d'applaudissements.*)

Quarante-huit anciens sociétaires signèrent l'acte constitutif de la nouvelle société, trente nouveaux adhérents reçus depuis portèrent à soixante-dix-huit le nombre actuel de nos sociétaires.

Désireux de servir avant tout les intérêts de toute la corporation, et non quelques intérêts particuliers, la nouvelle société ouvre largement ses portes à tous les hommes de bonne volonté appartenant à un titre quelconque à l'une des spécialités de la Lithographie.

Tout lithographe offrant les garanties suffisantes de moralité et de capacité, peut être admis parmi nous moyennant

une souscription minimum de 10 actions
de 100 francs, dont 50 francs à verser le
jour de sa réception, le reste à raison
de 2 francs par semaine, ladite souscription ne pouvant en aucun cas dé-
passer le chiffre de 5,000 francs.

. Indépendamment de la large part de
nos bénéfices statutairement attribuée
à nos caisses de réserve, de retraite et de
prévoyance, 20 o/o de ces bénéfices sont
donnés à titre de participation aux travailleurs sociétaires ou auxiliaires de
notre atelier social, ce qui a produit
pour les exercices 1896 et 1897, entre
les auxiliaires hommes, femmes et enfants, la répartition annuelle de sommes
variant de 60 à 240 francs, ce qui donne
plus de 10 o/o au prorata des salaires.
(*Très bien!*)

Nos travailleurs sociétaires versent
cette somme à la Caisse de Retraite.

Notre but reste celui des fondateurs;
créée dans un moment de crise pour sous-
traire les travailleurs aux exigences toujours croissantes du patronat.

Notre association modeste au début
occupant le second rang dans la corporation, aspire à conquérir le premier.

Pour arriver à ce résultat elle n'attend que le jour, rapproché peut-être, où les travailleurs ayant enfin conscience de leurs forces, comprendront qu'il est de leur devoir comme de leur intérêt, d'apporter leur concours à une œuvre d'émancipation qui, par son développement progressif, doit transformer, à leur profit, un régime économique dont ils ont tant à souffrir. (*Applaudissements.*)

HISTORIQUE DE LA RÉHABILITATION

Au risque d'abuser de votre patience, il faut que je vous raconte comment s'est fait notre réhabilitation.

Nos dettes intégralement payées, en principal, intérêts et frais, nous remettons nos pièces et reçus bien en règle entre les mains de Me Goirand, notre avoué, le priant d'introduire une demande en réhabilitation, qui fut déposée à la date du 5 mai 1895.

Immédiatement le Tribunal de Commerce fit son enquête et renvoya notre dossier, avec avis favorable, à la première cour, qui désigna comme rapporteur M. Bonnet; pour nous ce n'était plus

qu'une affaire de quelques jours, mais
nous avions compté sans les vacances et
les mutations, c'est ainsi que ce fameux
dossier, après M. Bonnet, passa succes-
sivement entre les mains de M. Van
Cassel, puis entre celles de M. Lombart,
et finalement vint à M. Cadot de Ville-
momble ; je dois dire que notre avoué
s'occupa activement de l'affaire, car, lorsque l'on travaillait au Palais, nous rece-
vions tous les quinze jours une lettre
nous disant que M. un tel, l'avocat, général, s'occupait ou allait s'occuper du
dossier.

Nous en étions là quand une circonstance toute fortuite nous mit en relation
avec une haute personnalité du monde
politique, dont la puissante intervention
nous fit obtenir le jugement que nous
commencions à désespérer d'obtenir pour
l'ouverture de l'Exposition universelle
de 1900.

Amené, au cours d'une étude sur la
coopération de production, à visiter les
ateliers de nombreuses sociétés affiliées
à la Chambre consultative, M. Deschanel
vit avec beaucoup d'intérêt le développement de notre Association et, non moins

vivement, il comprit notre légitime impatience d'obtenir enfin cette réhabilitation depuis si longtemps désirée, il mit immédiatement sa haute influence au service de notre cause, et deux mois après la Cour nous rendait justice. (*Bravos répétés.*)

Dans ce moment, où le souvenir de tout ce que j'ai souffert s'efface et disparaît au milieu de l'atmosphère de cordialité et de sympathie dont je me sens entouré, je ne puis trouver d'expressions assez vives pour lui exprimer toute ma reconnaissance, je lui dirai simplement : Monsieur Deschanel, merci ! merci ! (*Salve d'applaudissements !*)

Il me reste un devoir bien doux à remplir, c'est celui de remercier à nouveau la Chambre consultative de l'initiative qu'elle a prise de nous offrir, au nom des Associations, nos sœurs, ce bronze magnifique, témoignage des sentiments de fraternité et de solidarité qui animent les coopérateurs, nouvelle et solennelle affirmation de notre belle devise : Tous pour un, un pour tous.

Et pour résumer nos aspirations, je porte un toast aux deux institutions qui

sont la garantie de stabilité de nos Associations, à la Chambre consultative, à la
Banque coopérative. (*Double salve d'applaudissements.*) ·

En écoutant ce récit, on aurait cru entendre
la lecture du livre de bord fait par le capitaine
d'un navire ayant accompli une longue et péril-
leuse traversée.

Les choses sont racontées simplement; les
péripéties seules sont poignantes et vraies.

L'assemblée fort émue, notamment lorsque
notre ami Romanet a parlé de la période d'amer-
tume qui commençait son calvaire commercial,
applaudit pendant que beaucoup d'entre nous
pleurent au récit émouvant de tant de diffi-
cultés surmontées, et surmontées enfin victo-
rieusement, mais au prix de quels efforts et
de quels sacrifices !

C'est après ces deux beaux discours que M. Paul
Deschanel prend la parole :

MESDAMES,
MES CHERS CONCITOYENS,

Je suis vivement touché des paroles
trop gracieuses que viennent de m'adresser nos amis. Si la vie publique est
souvent mêlée d'amertumes, elle offre
aussi parfois des heures bien douces, et
celle-ci restera pour moi inoubliable.
Seulement je n'oserai plus revenir, parce

que vous me gâtez trop! Je garderai précieusement le charmant souvenir que vous venez de me remettre en signe d'une amitié qui, je l'espère, ira toujours grandissant. *(Applaudissements.)*

C'est pour moi un grand honneur et un grand plaisir de venir m'asseoir à votre table. J'étais déjà récompensé du peu que j'avais fait par la joie de cet homme de bien et de ses collaborateurs. *(Très bien! très bien!)*

Oui, c'est une des bonnes journées de ma vie que celle où j'ai contribué, pour ma faible part, à un acte de réparation et de justice trop longtemps attendu. *(Vifs applaudissements.)*

Je ne sais rien de plus émouvant ni de plus salutaire que le récit de toutes les épreuves qu'ils ont subies. Est-il plus éclatant exemple de la puissance de ce principe d'association qui décuple les forces de la personne humaine, qui la transforme, l'élève et l'ennoblit! *(Nouveaux applaudissements.)*

Nous avons dit souvent que la question sociale est surtout une question morale. Vous en avez donné la preuve en déployant tant de vaillance, tant de noblesse de cœur, et en montrant que la coopération n'est pas seulement l'école de la fraternité et de la paix sociale, mais qu'elle est aussi une école de dignité, d'élévation intellectuelle, qu'elle développe tout ce qu'il y a de plus haut dans l'homme. (*Applaudissements.*) Aussi m'a-t-il paru bon que le Gouvernement de la République française fût associé à cette fête du travail. Il l'est déjà, sans doute, par la présence des administrateurs éminents que nous avons le plaisir de voir à cette table, et qui ont donné tant de preuves de leur compétence en ces matières et de leur sympathie pour notre cause. Mais j'ai voulu autre chose : je suis allé trouver le Ministre de l'Instruction publique et des Beaux-Arts, je lui ai dit ce que j'allais faire aujourd'hui. Il m'a chargé d'apporter ici deux récompenses en témoignage de notre estime et de nos sympathies. Par arrêté de ce jour, le Ministre de l'Instruction publique a nommé parmi vous deux officiers d'académie : d'abord, M. Machuron, directeur de l'Association des Menuisiers de Paris, directeur de la Banque coopérative, et c'est une bonne fortune pour moi de saluer en lui cette belle institution qui est appelée à un si grand avenir. (*Vifs applaudissements.*)

M. Machuron. — Il me semble que l'honneur doit revenir à M. Romanet, et je me ferais scrupule de le lui enlever.

M. le Président. — Soyez tranquille! vous êtes tous deux *ex æquo*, vous êtes ensemble!

Oui, messieurs, ils sont ensemble dans nos cœurs comme dans le respect public et dans les sympathies du Gouvernement, et, si je nomme l'un avant l'autre, c'est tout simplement parce que je suis l'ordre alphabétique. (*Rires et applaudissements.*)

Voulez-vous me permettre de vous donner, à tous deux, une accolade fraternelle? (*Applaudissements et bravos.*)

Vous entendez bien, mes chers Concitoyens—et c'est ainsi que l'entendent nos amis, — que ces distinctions s'adressent à tous leurs collaborateurs, que vous êtes tous récompensés en eux de votre labeur et de vos efforts; car dans la coopération, dans le monde ouvrier intelligent et laborieux, la victoire de l'un est

le triomphe de tous ! (*Nouveaux applaudissements.*)

Mes chers Concitoyens, cètte fête n'est
pas seulement une fête du travail, une
fête coopérative, elle est, au plus haut
sens du terme, une fête civique et sociale.

En effet, si nous jetons un regard sur
l'histoire du travail, sur la longue lutte
du peuple vers l'affranchissement, nous
voyons que vous avez, vous, coopérateurs, une page décisive dans cette as-
cension continuelle des travailleurs par
l'intelligence et par la volonté.

C'est, d'abord, dans l'antiquité, le travail servile honteux, dégradé et dégra-
dant, considéré comme une peine, comme
un châtiment; plus tard, le servage; puis,
la corporation de métiers; puis, le salaire,
sous des formes de plus en plus com-
plexes, de plus en plus savantes, car le
salaire ira toujours s'élevant, et, si je
puis dire, se spiritualisant, comme la vie
de l'atelier elle même; puis, la participation aux bénéfices; l'association libre;
la coopération; enfin, le travail affranchi,
n'obéissant qu'à la loi qu'il s'est lui-
même fixée. (*Applaudissements.*)

Les corporations du moyen-âge, ces

corporations de métiers, qui avaient si puissamment contribué d'abord à l'essor de l'industrie et de la civilisation européennes, étant devenues à la longue des nids à abus, à monopoles et à privilèges, il fallut, pour affranchir le travail, l'immense effort des penseurs et des économistes du siècle dernier, qui aboutit à la Révolution française ; mais l'Assemblée Constituante, en allant, pour détruire les abus des corporations du moyen âge, jusqu'à ruiner le principe même d'association, laissa dans notre organisation sociale une formidable lacune : le travailleur se trouva seul, isolé, sans moyens de concert ni de défense, en face de la toute-puissance du capital. (*Très bien ! très bien !*)

Et comme, au cours de ce siècle, des lois successives vinrent favoriser — très légitimement — les associations de capitaux, tandis que les associations de personnes restaient interdites en vertu de la loi de 1791, de la fameuse loi Chapelier, on vit se produire ce double phénomène : d'un côté, une formidable agglomération de capitaux ; de l'autre, l'isolement des travailleurs. (*Applaudissements.*)

Il était impossible que le principe
d'association ne ressuscitât point, sous
des formes plus modernes, plus vi-
vantes, plus libres. En 1884 fut votée
la loi sur les syndicats professionnels.
Cette loi date d'hier, et déjà les syndicats agricoles ont fait des merveilles.

Et, au lieu que, comme on le prétend
quelquefois, la démocratie rurale, par je
ne sais quelle pensée impie, se tourne
contre la démocratie ouvrière des villes,
au contraire elle lui tend les bras dans
un élan fraternel : ce fut un beau moment, que celui où, dans un récent Con-
grès départemental, un ouvrier, fils de
ses œuvres, un coopérateur convaincu,
se leva pour déclarer, au nom de la démocratie ouvrière des villes et devant
la démocratie ouvrière des campagnes,
que la solution de la question sociale
était dans l'association libre et dans la
coopération. *(Applaudissements et bravos.)*

En Angleterre, c'est la Réforme qui,
au seizième siècle, fit ce que la Révolution française devait faire chez nous
deux siècles plus tard : pour détruire les
abus des corporations de métiers, la
Réforme tua le principe même d'associa-

tion; mais ce principe ressuscita chez nos voisins dès 1824, et c'est alors que se formèrent leurs associations ouvrières, leurs Trade-Unions. Or, c'est l'élite de ces associations qui obtint d'abord les salaires les plus hauts, les journées de travail les plus courtes, et qui fonda les caisses contre le chômage, la maladie, les accidents, la vieillesse.

Nous avons donc là, en quelque sorte, comme une épreuve avant la lettre de l'histoire future de nos associations ouvrières. Les travailleurs, qui ne connaissent pas le maniement de cette arme puissante, commencent par en faire un instrument de grève, de lutte sociale : ils s'y blessent les mains; mais, à mesure qu'ils sauront s'en servir, ils verront qu'ils ont là le meilleur moyen d'obtenir des salaires plus élevés, la réduction des heures de travail, de conjurer la misère et les fatalités du sort, et de hausser leurs destinées. (*Applaudissements.*)

Enfin, le principe d'association engendre la coopération, sous sa triple forme : coopération de production, coopération de consommation, coopération de crédit.

Ce n'est pas devant vous, mes chers Concitoyens, que j'ai besoin de retracer l'histoire des sociétés coopératives de production : d'abord, le mouvement généreux, et naturellement un peu inexpérimenté, de 1848; puis, sous l'Empire, la lutte contre les défiances du pouvoir et les tracasseries de l'administration; enfin, sous la troisième République — et ce sera son impérissable honneur devant l'histoire — la renaissance et le développement de l'idée coopérative. Je ne me hasarderai pas à essayer à mon tour ce récit après l'admirable discours que nous venons d'entendre, après les rapports de M. Reaux aux expositions, après les conférences si remarquables de M. du Maroussem et les excellentes monographies de M. Arthur Fontaine! (*Applaudissements.*)

Je n'en veux retenir qu'une date : la création, en 1884, de cette Chambre consultative qui vous rend et qui vous rendra de plus en plus tant de services; qui est non plus seulement l'association des personnes, mais l'association des associations, la fédération des sociétés. Il ne lui manque qu'une chose, et je ferai tous mes efforts pour qu'elle l'obtienne : c'est la personnalité civile. (*Applaudissements.*)

Il n'est probablement pas besoin d'une loi pour cela ; je pense qu'un décret suffirait : en tout cas, je reste à votre disposition pour cette affaire comme pour les autres. (*Nouveaux applaudissements.*)

Je n'ai pas non plus à rappeler votre rôle à l'Exposition de 1889 ; je me borne à vous souhaiter bonne chance pour celle de 1900 ; je sais que vous avez déjà tracé les grandes lignes de votre programme.

Et maintenant, à côté de vous, quel a été, quel est, quel doit être le rôle de l'Etat ?

Mes chers Concitoyens, on m'accuse, vous le savez, tantôt d'être réactionnaire, tantôt d'être socialiste ; — n'est-on pas toujours le socialiste ou le réactionnaire de quelqu'un ?

Ma pensée est celle-ci : l'État doit intervenir, non de manière à entraver l'initiative individuelle, qui restera toujours le grand moteur de la civilisation et du progrès, mais pour l'aider. Quand une association est encore trop faible,

quand l'individu est trop isolé ou sa-
crifié, les pouvoirs publics doivent intervenir pour les aider à monter dans la
justice et dans la lumière. Le législateur
doit être pour les citoyens et les associations ce que le tuteur est à la plante
qui s'élève. (*Assentiment.*)

C'est dans cet ordre d'idées que le·
gouvernement a élaboré le décret de
1888. Vous avez cette bonne fortune bien
rare de faire la concentration non seulement républicaine, mais nationale. C'est
Floquet qui a signé ce décret, et l'on
trouve dans vos annales, à côté de son
nom, à côté de ceux de M. Léon Bourgeois et de M. Doumer, les noms de·
M. Ribot et de M. Waldeck-Rousseau.
(*Applaudissements.*)

Je serais heureux qu'un jour mon nom
fût associé dans vos cœurs à ces noms-
là. (*Salve d'applaudissements.*)

Ce décret de 1888, qui vous tient tant
au cœur et avec juste raison, on l'applique à Paris, mais on ne l'applique pas
assez dans les départements. Vous vous
heurtez là — Vila en sait quelque chose,
lui, votre apôtre ! — vous vous heurtez
à la défiance des administrations et à l'é-

goïsme de certains patrons. Ici encore,
si vous le permettez, je m'efforcerai
de faciliter votre tâche. (*Applaudissements.*)

Voilà, mes chers Concitoyens, ce que
vous avez fait.

Eh bien, quelles que soient l'importance et la grandeur de cette œuvre,
j'ose dire que ce n'est là qu'un commencement. Vous aurez devant l'histoire
l'honneur d'avoir jeté les fondements in-
destructibles de cette organisation nouvelle du travail, de cette Cité nouvelle,
qui déjà est vivante dans nos con-
sciences. Il est aisé, dès à présent, d'en
esquisser les principaux traits et les
grandes lignes. C'est d'abord la combinaison des trois sortes de coopération, production, consommation, crédit.
Certaines législations étrangères sont à
certains égards beaucoup plus avancées,
beaucoup plus libérales et démocrati-
ques que la nôtre. Ainsi, il y a, suivant
moi, un très grand péril à engloutir
les épargnes populaires dans les caisses
du Trésor, dans les rentes sur l'État.
Chez nos voisins, une partie de l'épargne
du peuple retourne au travail du peuple

par mille canaux fertilisants. (*Applaudissements.)*

Les caisses d'épargne décentralisées et
les banque populaires, fort nombreuses,
fusionnent, marient leurs efforts et font
des avances aux associations coopératives de production qui manquent de
crédit. (*Très bien! très bien!*)

Je ne résiste pas au plaisir de vous lire
quelques lignes d'un article que le directeur du *Musée social*, M. L. Mabilleau, vient de publier dans la *Revue de
Paris* :

« Tel est, dit-il, le bienfait du système
coopératif : le capital y garde le souvenir de son origine et la tendance à y re-
tourner. Il ne se considère jamais comme
indépendant des labeurs qui ont con-
couru à le produire. Il est, en quelque
sorte, une avance que le travail se fait
à lui-même, en s'imposant, sur un point,
une économie qu'il se réserve de faire
fructifier sur un autre. La banque devient
ainsi, par la généralisation de ce principe, une sorte de fonction sociale, ana-
logue à la fonction vitale du cœur qui
reçoit le liquide chargé de substance
nourricière et qui le propulse, allégé et

régénéré, dans toutes les parties de l'organisme. »

Eh bien, nous avons des syndicats, des caisses d'épargne, des coopératives de production, de consommation et de crédit. Que manque-t-il donc à tout cela? L'unité de pensée et d'action. Il faut unir leurs efforts; il faut que toutes ces institutions, considérablement développées, communiquent les unes avec les autres, de telle sorte que le capital, qui est le travail d'hier, le travail antérieur, collabore avec le travail actuel pour l'aider à monter et à vaincre. *(Applaudissements.)*

Elles ressemblent à ces bancs de coraux, à ces madrépores qui surgissent lentement de l'océan Pacifique, et qui, en se rejoignant, finissent par former de vastes continents et des mondes nouveaux. *(Vifs applaudissements.)*

Et en attendant, s'il arrive — et il peut arriver, il est peut-être arrivé déjà —, qu'une association coopérative de production ayant réussi après de longues années d'efforts, non seulement à faire de bonnes affaires, mais à créer des caisses de secours contre la maladie, le chômage, les misères de la vieillesse,

des cours professionnels, une bibliothè-
que, etc., s'il arrive, dis-je, que cette
association devienne un bon placement,
et qu'un capitaliste éclairé — il y en a!...
(*Rires et applaudissements.*)

Une voix. — Non !

M. LE PRÉSIDENT. — Mais vous en êtes!
(*Rires prolongés et applaudissements.*) S'il
arrive qu'un capitaliste ait l'idée d'y pla-
cer quelque argent, je dirais à cette association : Faites attention! vous avez
été plus d'une fois trompés; il est arrivé
souvent que le travail a été dupe et que
le capital a opprimé le travail, qu'une
société coopérative de production a été
transformée malgré elle en société ano-
nyme; prenez vos garanties; c'est pour
cela, par parenthèses, que le législateur
devra reviser la loi de 1867 sur les sociétés (*Applaudissements*); mais enfin, si
l'on vous avance une certaine somme
sous certaines garanties fondamentales
et à la condition que le capital se sub-
ordonne au travail et que le travail
garde la direction et l'administration de
l'entreprise, alors, sans préjuger l'avenir, étudiez l'expérience!

A quelqu'un qui m'entretenait d'un

essai de ce genre, j'ai répondu : Vous
allez à une association prospère, florissante, puissante; si vous alliez à une
association pauvre, commençante? Tenez! au cours des visites que j'ai faites
à vos associations et que je continuerai — car elles m'ont vivement inté-
ressé et j'en remercie mes aimables
guides, MM. Favaron, Vila et Buisson,
— j'ai vu, à Montmartre, dans un petit
grenier obscur, où l'on montait par une
échelle, cinq ou six vaillants travailleurs qui, après avoir peiné tout le
jour chez un patron et travaillé ensuite
la nuit pour amasser lentement un petit
pécule, avaient acheté une machine,
une pauvre petite machine, la première,
la plus simple, la plus rudimentaire;
mais cette machine était à eux, c'était le
symbole de la liberté humaine! (*Vifs applaudissements.*) J'ai compris alors ce qu'il
y avait de noblesse, d'élévation morale
dans la coopération! J'ai vu là le germe
dans l'œuf. Ils avaient fait cela avec
rien; je me trompe : ils l'avaient fait
avec leur cœur, c'est-à-dire ce qu'il y a
de meilleur dans l'homme! (*Nouveaux
applaudissements et bravos.*)

J'ai plaidé la cause de ces braves gens,
et j'ai demandé que, si l'expérience avait
lieu à un pôle, chez ceux qui ont réussi,
elle eût lieu aussi à l'autre, chez ceux
qui commencent, et qui sont pauvres...

Mes chers Concitoyens, tout le monde
ici, tous ceux qui me connaissent savent
que, si j'apporte tout ce que j'ai de pas-
sion dans la lutte des idées, j'ai en même
temps le respect le plus sincère pour
ceux qui ne pensent pas comme moi,
quand ils sont loyaux. (*Assentiment una-
nime et applaudissements.*) Même parmi
ceux que j'ai combattus avec le plus d'ar-
deur, je compte des amis qui me sont
chers et avec lesquels j'ai plaisir et profit
à discuter.

Vous le savez, je ne suis pas collecti-
viste, parce que toutes mes études m'ont
conduit à penser que le système de
Marx, par exemple, a été construit sur
les principes de l'économie politique du
siècle dernier, aujourd'hui renversée par
la science ; je ne pense donc pas comme
les collectivistes, mais je respecte les
collectivistes sincères, et je crois pouvoir
dire qu'ils ont quelque estime pour moi ;
eh bien, je leur donne rendez-vous dans

queiques années : poursuivons scientifi-
quement ces expériences sociales où il
va de l'avenir de la civilisation et du
bonheur des peuples : nous jugerons!
(*Applaudissements.*)

Du mouvement socialiste, de ce grand
mouvement qui passionne tous les penseurs, tous les politiques, vous avez pris
le bon, c'est-à-dire le respect du travail,
le sentiment de l'effort commun, de la
solidarité humaine, l'amour ardent d'un
haut idéal de justice sociale; et vous
avez repoussé le mauvais, c'est-à-dire la
violence, l'illégalité et la discorde. (*Vifs
applaudissements.*) En face de la guerre
des classes, vous êtes la fraternité; en
face du rêve et de la chimère, vous êtes
l'histoire, la raison et la science! (*Nouveaux applaudissements.*)

En levant mon verre pour boire aux
héros de cette fête, à l'avenir et au succès
des associations coopératives ouvrières
de production, je bois au travail définitivement affranchi par la raison, par l'énergie individuelle, par la science, je bois
à la Cité future, mieux ordonnée, plus
juste, plus heureuse que celle-ci, à la
République du travail! (*Double salve d'ap-*

*plaudissements et bravos répétés et pro-
longés.)*

Il serait difficile de décrire l'enthousiasme
soulevé par ce superbe discours. M. Paul Deschanel, admirablement en voix, en a détaché toutes
les parties, avec cette *maëstria* dont il est cou-
tumier et qui donne une si merveilleuse enve-
loppe à l'ampleur de ses vues philosophiques.
On comprenait de plus que le démocrate ardent qui est en lui, se sentait au milieu de camarades et que toute la chaleur de son cœur
soutenait la puissance de sa pensée.

Le Déjeuner
du Palais-Bourbon

~~~~~~~~~

En nous quittant, M. Paul Deschanel ne nous a pas dit adieu, mais : au revoir, et il a tenu parole.

Le dernier mot du discours prononcé à Saint-Mandé, par M. Paul Deschanel avait été : « Je bois à la République du Travail ».

Ce toast n'est pas resté lettre morte.

Devenu président de la Chambre, l'éminent représentant d'Eure-et-Loir n'a pas oublié, dans ses hautes fonctions, ses amis d'hier. Il a voulu leur donner un nouveau gage de son attachement à un principe qui lui est cher et où il voit à bon droit l'un des plus sûrs moyens de résoudre le problème social.

Et le dimanche 18 décembre, il attestait, sous une forme particulièrement cordiale, cette sympathie de cœur et de raison, en réunissant à sa table, dans un déjeuner de cent couverts, cinquante directeurs ou chefs d'ateliers d'Associations ouvrières de Paris et les représentants les plus autorisés de la politique, de l'administration, des lettres et des arts.

4

Voici la liste des heureux convives de cette réunion toute empreinte d'un caractère familial :

MM. Ladousse, directeur de l'Association des ouvriers tapissiers; Machuron (menuisiers), Favaron (charpentiers); Buisson (peintres), Fradelle (parqueteurs), Romanet (lithographes), Weber (horlogers), Le Vasseur (menuisiers), Maitre (instruments de musique), Meneveau (ferblantiers); Vila, secrétaire de la Chambre consultative des associations ouvrières; Barré, secrétaire de la Banque coopérative; Pasquier (serruriers), Mangeot (imprimeurs), Flosseau (voitures), Langevin (sculpteurs-décorateurs), Carlier (sculpteurs-mouleurs), Dufresne et Leroy (maçons), Le Corre (serruriers), Viardot (instruments de précision), Petit (lanterniers en voitures), Hivernat (paveurs). Rigaux (imprimeurs), Fréard (éclairage), Bourisset (ouvriers en limes), Regnard (couvreurs), Colas (charpentiers de La Villette), Fourniès (ouvriers en colliers), Chausson (doreurs sur bois), Dumont (diamantaires), Cubilié (cartonnage), Lair (granitiers), Lézy (fondeurs de cuivre), Boulin (piqueurs de grès), Lechat (tailleurs de glaces), Serre (replanisseurs), Cerisé (peintres), Rannou (sparterie), Bourzat (frotteurs-encaustiqueurs), Laroche (photographes); Liébrard, secrétaire adjoint de la Banque coopérative; Moty (maçons de Bordeaux), Millet (selliers de Lyon), Nély (ébénistes).

Au milieu d'eux se trouvaient :

MM. Charles Dupuy, président du Conseil;

Paul Delombre, ministre du commerce ; Jules
Siegfried, ancien ministre du commerce ; Lour-
ties, ancien ministre du commerce ; Guieysse,
ancien ministre, vice-président de la Commis-
sion d'assurance et de prévoyance sociales ; Bo-
vier-Lapierre, député, président de la Commis-
sion du travail ; Navarre, président du Conseil
municipal de Paris ; Charles Blanc, préfet de
police ; Thuillier, président du Conseil général ;
Doumer, ancien ministre, gouverneur général
de l'Indo-Chine ; Picard, commissaire général
de l'Exposition ; François Coppée, comte d'Haus-
sonville, Jules Lemaître, de l'Académie française ; Labeyrie, gouverneur du Crédit foncier ;
Georges Picot, secrétaire perpétuel de l'Acadé-
die des sciences morales et politiques ; Daumet,
Pascal, Nénot, de l'Académie des beaux-arts ;
Cheysson, économiste ; Ch. Gide, professeur
d'économie sociale à l'Université de Paris ;
Charles Robert, Mabilleau, directeur du Musée
social ; Bouvard, directeur des services d'archi-
tecture de la Ville de Paris ; Espinas, de l'Université de Paris ; Moron, directeur de l'Office
du travail ; Clavel, président honoraire de
l'Union coopérative des sociétés françaises de
consommation ; Fitsch, président actif de l'Union
coopérative des sociétés françaises de consommation ; Buquet, architecte du Palais-Bourbon ;
du Maroussem, chargé du cours des questions
ouvrières et industrielles à la Faculté de droit
de Paris.

MM. Georges Leygues, Waldeck-Rousseau,
Louis Ricard, député, président de la Commis-

sion d'assurance et de prévoyance sociales ; de
Selves, Pallain, gouverneur de la Banque de
France, et Émile Levasseur, de l'Institut s'étaient
fait excuser.

Au dessert, M. Ladousse, membre du Conseil
d'administration de la Chambre consultative des
associations coopératives ouvrières, a remercié
M. Paul Deschanel de la façon suivante :

Au nom de mes amis de la Chambre
consultative des associations ouvrières
de production, qu'il me soit permis d'exprimer à M. le président de la Chambre
des députés tous nos remerciements pour
le grand honneur qu'il a bien voulu nous
faire par sa gracieuse invitation.

Cet honneur ne nous est pas seulement personnel, il s'étend aussi à tous
les ouvriers de nos associations, que
nous représentons ici. C'est un fait qui
sera retenu dans notre histoire de la
Coopération, car il marquera le souci et
le désir chez les représentants du pays
de s'intéresser aux efforts et aux essais
d'amélioration et de pacification sociales,
que nous pratiquons sans heurts, avec
une méthode et une persévérance qui en
assureront le succès.

Nous ne sommes, messieurs, ni des
politiciens, ni des utopistes, mais des

hommes simples, des travailleurs ; nous cherchons à réaliser pratiquement, dans l'ordre social, les théories émises par de profonds penseurs, heureux si nous arrivons avec votre appui bienveillant à les voir pénétrer de plus en plus dans nos mœurs.

Nous ne nous illusionnons pas, car, en lisant et en méditant l'histoire, on remarque que les grandes idées proclamées dans un siècle se développent le siècle suivant et n'arrivent à leur apogée que deux siècles après ; or, nous travaillons avec la foi et, dans notre époque d'électricité, nous sommes certains que nous irons beaucoup plus vite.

La Chambre consultative des Associations ouvrières de production, qui représente notre fédération, ne saurait oublier le précieux concours que nous avons trouvé auprès de parlementaires éminents ; elle se souviendra toujours des noms de Charles Floquet, de Waldeck-Rousseau, de Jules Ferry, de Léon Bourgeois, de Paul Doumer et de tant d'autres, enfin de celui qui nous a si gracieusement invités et réunis aujourd'hui à sa table, Paul Deschanel !

Qu'il me permette de lui exprimer toute notre reconnaissance pour l'initiative qu'il a prise en cherchant à nous connaître, en venant visiter toutes nos associations et se rendre compte par lui-même de l'importance de leurs efforts! Nous sommes certains que de ces diverses visites il est résulté mutuellement une sympathie et une chaude affection qui ne s'effaceront pas!

C'est pourquoi, en terminant, au nom de nos amis, je porte un toast à Paul Deschanel, président de la Chambre des députés, et un autre à vous tous, messieurs les invités, en exprimant le vœu que nous puissions tous, chacun en ce qui le concerne, travailler à la prospérité de la République et à la grandeur de la France !

L'éminent président de la Chambre a répondu en ces termes :

Avec M. le président du Conseil, M. le ministre du commerce et mes amis du Parlement, avec MM. les présidents du Conseil municipal de Paris et du Conseil général de la Seine et les éminents représentants de l'administration, des lettres et des arts, que je remercie de leur présence, je lève mon verre en l'honneur des travailleurs d'élite qui ont bien voulu venir s'asseoir à cette table, et en l'honneur de tous leurs camarades. Je bois à l'avenir et au succès de la Coopération, c'est-à-dire au travail libre, affranchi par la raison, le courage et la solidarité, n'obéissant qu'à la règle qu'il s'est lui-même fixée. Je bois à la République du travail !

Des bravos répétés, des applaudissements enthousiastes ont salué cette courte, mais éloquente allocution qui caractérisait si bien cette manifestation unique dans les annales de la Coopération.

Vraie fête du travail, réunion cordiale et charmante s'il en fut — le déjeuner du Travail, comme on l'a si justement appelé dans la presse — au cours de laquelle ouvriers, académiciens, littérateurs, ministres, ont pu échanger leurs idées, au grand plaisir de chacun et au grand profit de tous.

18 décembre ! Nous retiendrons cette date comme celle d'une journée reposante et réconfortante qui comptera parmi les meilleures et les plus fécondes dont on gardera longtemps le souvenir dans le Paris du travail, au nom duquel nous disons à Paul Deschanel — et du fond du cœur : « Merci ! »

La Chambre consultative

PARIS. — IMPRIMERIE NOUVELLE (ASSOC. OUVRIÈRE), 11, RUE CADET
A. MANGEOT, DIRECTEUR. — 2317-98.

CONTINUUS LABOR VITA

IMPRIMERIE NOUVELLE